Bibliografische Information der Deutschen Nationalbibliothek:

Die Deutsche Bibliothek verzeichnet diese Publikation in der Deutschen National-bibliografie; detaillierte bibliografische Daten sind im Internet über http://dnb.d-nb.de/ abrufbar.

Impressum:

Copyright © 2017 GRIN Verlag
Druck und Bindung: Books on Demand GmbH, Norderstedt Germany
ISBN: 9783668769519

Dieses Buch bei GRIN:

https://www.grin.com/document/436019

Dina Attia

Humanismus in der arabischen Welt. Aufstieg und Niedergang

GRIN Verlag

GRIN - Your knowledge has value

Der GRIN Verlag publiziert seit 1998 wissenschaftliche Arbeiten von Studenten, Hochschullehrern und anderen Akademikern als eBook und gedrucktes Buch. Die Verlagswebsite www.grin.com ist die ideale Plattform zur Veröffentlichung von Hausarbeiten, Abschlussarbeiten, wissenschaftlichen Aufsätzen, Dissertationen und Fachbüchern.

Besuchen Sie uns im Internet:

http://www.grin.com/

http://www.facebook.com/grincom

http://www.twitter.com/grin_com

Inhaltsverzeichnis

1. Einführung

„Die Arabische Liga hätte von ihrer Satzung her viele Möglichkeiten, das zu regeln. Das haben die aber noch nie wahrgenommen und werden das auch jetzt nicht [...]."[1] Hierbei bezog sich der Islamwissenschaftler Jörn Thielmann auf den Entwurf eines ökonomischen Entwicklungsplans für die unter dem IS leidenden arabischen Länder. Auch Islamwissenschaftler Mouhanad Khorchide hatte bereits eine ähnliche Erkenntnis, als er feststellte, dass man inzwischen so weit ist, Mängel wahrzunehmen, diese aber nicht weiter beachtet.[2] Im Zuge seines Befundes lässt sich schlussfolgern, dass die Arabische Liga „antihumanistisch[...]"[3] ist.

Diesen Zustand wollten die arabischen Völker schon einige Jahre vorher nicht mehr dulden, woraufhin 2011 die sog. Arabellion einsetzte, in deren Zuge einige Diktatoren abgesetzt wurden. Der Versuch, die korrupten und diktatorischen Regime abzusetzen und neue demokratische Regierungen zustande zu bringen, scheiterte, denn diese erst Genannten wurden lediglich durch Ähnliche ersetzt.

Auch leidet die arabische Welt unter vielen humanitären Defiziten. Zum Beispiel müssen heutzutage in vielen arabischen und südasiatischen Ländern Frauen für ihr Recht auf den Besuch einer Schule kämpfen. Die Idee, dass Frauen dieselbe Bildung wie Männer anstreben, wird oft nicht akzeptiert. Erst seit wenigen Jahren ist es gesetzlich festgeschrieben, dass Frauen in den eben genannten Regionen dasselbe Recht auf Bildung haben, wie Männer. Dennoch wird es oft gesellschaftlich nicht geduldet. Abgesehen von der speziellen Benachteiligung der Frauen in diesem Bereich kämpft der Nahe Osten mit einer für das 21. Jahrhundert schockierenden Analphabetenrate. Diese betrug z.B. 2015 in Tunesien 18,2%, in Ägypten 24,8% und im Jemen sogar 29,9%.[4] Ein weiteres Problem ist die mangelnde Friedenserziehung, wodurch der Hass und der Zorn der Eltern auf die Kinder übertragen werden. So ist dies etwa bezüglich des Nahostkonflikts der Fall, wo in den palästinensischen und israelischen Schulen gelehrt wird, die andere Seite als Erzfeind zu betrachten. Diese Einstellung führt laut Khorchide zu einer Stagnation in Wissenschaft, Wirtschaft und Kultur.[5] Von einem humanistischen Ideal ist die heutige arabische Welt also weit entfernt.

Zunächst wird nun ein Blick zurück in die Geschichte geworfen.

---

[1] Thielmann, Jörn: Interview mit Nürnberger Zeitung, 11.05.2017, S.3.
[2] Vgl. Khorchide, Mouhanad: Gott glaubt an den Menschen – Mit dem Islam zu einem neuen Humanismus, Freiburg im Breisgau 2015, S.140.
[3] Ebd.
[4] Vgl. http://hdr.undp.org/en/indicators/101406 (zuletzt aufgerufen am 05.11.2017).
[5] Vgl. Khorchide, S.136.

2. Humanistisches während der Blütezeit des Islams

2.1 Historischer Hintergrund

Das sog. Goldene Zeitalter des Islam, in dem wir bezüglich humanistischen Gedankenguts fündig werden, wird historisch oft mit dem Beginn der Herrschaft der zweiten Dynastie – der Abbasiden – in Verbindung gebracht.

Das abbasidische Kalifat wurde 750 n.Chr. gegründet, nachdem Abu l-Abbas Al-Saffah (722-754) beinahe alle Mitglieder der Umayyaden, also der ersten Dynastie, ermorden ließ.[6] In erster Linie fand der Dynastiewechsel statt, weil die Umayyaden als zu weltlich angesehen wurden. Nur ein Enkel des einige Zeit vorher herrschenden Kalifen, Abd Al-Rahman I. (731-788), konnte entkommen, woraufhin er nach Córdoba im Süden Spaniens floh und das Emirat von Córdoba gründete. Mit der Zeit entwickelte sich Letzteres zu einem Kalifat und so herrschten zwei Kalifate parallel, sich gegenseitig als Konkurrenz betrachtend. Ganz nach dem Motto »Konkurrenz belebt das Geschäft« wurden in dieser Zeit sowohl erhebliche wissenschaftliche als auch kulturelle Fortschritte gemacht. Wegen der stetigen Bemühung, das andere Kalifat an Entwicklung zu übertreffen, erlangten die zwei Herrschaften diejenigen Erkenntnisse, die das Aufblühen des Islam und der arabischen Welt bewirkten.[7]

Die Abbasiden „verkörperten nun [...] die neue Identität eines kosmopolitischen Kalifats im Vorderen Orient, geprägt von einer aufgeklärten Regierung."[8] Zuvor wurden die Stammeszugehörigkeit und die Abstammung als Identität gesehen, es herrschte also ein „Stammeshumanismus"[9], der nicht kosmopolitisch angelegt war.

Mit der Expansion des arabischen Reiches wurden immer mehr von einer anderen Kultur geprägte Gebiete und Länder – z.B. Persien, Indien, Ägypten – erobert, so dass mit der Zeit das arabische Reich eine Mannigfaltigkeit an Kulturen besaß. Somit begann man, die bereits durch andere Völker entwickelten Philosophien und wissenschaftliche Feststellungen zu adaptieren und deren Methoden und Vorgehensweisen zu praktizieren.[10]

Durch diesen enormen Wissensaustausch wurden große und rasante Fortschritte erzielt. Dazu beigetragen hat auch – wie oben bereits erwähnt- die Tatsache, dass das abbasidische Kalifat und dessen Gegenkalifat in einem rivalisierenden Verhältnis zueinander standen und deshalb ihr Streben nach Fortschritt und Entwicklung besonders groß war. Außerordentlich viel Wert wurde auf die Bildung der Gelehrten gelegt, wie das auch für den späteren europäischen Humanismus üblich war.

---

[6] Vgl. Romani, Francesca Romana: Blütezeit des Islam – Geschichte und Reichtum einer alten Hochkultur, Wiesbaden 2009, S.72.
[7] Vgl. Khorchide, S.127.
[8] Romani, S.76.
[9] Begriff mehrfach in den Werken von William Montgomery Watt (1909-2006) aufgekommen laut Donner, Fred M.: The Study of Islam's Origins since W. Montgomery Watts Publications, Edinburgh 2015, S.2.
[10] Vgl. Khorchide, S.127ff.

Diese Faktoren bewirkten, dass bis zu diesem Zeitpunkt großartige Erkenntnisse und Einsichten gewonnen wurden, die man bis weit nach ihrer Zeit als elementar ansehen konnte. Im Folgenden werden nun einige Beispiele hierfür angeführt.

2.2 Beispiele für frühes humanistisches Gedankengut im frühen Islam

2.2.1 Ibn Sinas und Ibn Rushds Erkenntnisse

Typisch für eine humanistische Geisteshaltung war und ist immer das Streben nach Bildung. Neben einer Reihe von Gelehrten, wie dem Soziologen Ibn Khaldun (1332-1406), der vor allem für sein sozialwissenschaftliches Werk Al-Muqaddima[11] bekannt ist, ist der damalige Wissenstand besonders Ibn Sina (980-1037) zu verdanken. Dieser schrieb den sog. „Kanon der Medizin"[12], der noch Jahrhunderte danach als „Standardwerk an allen Universitäten"[13] galt, weshalb Ibn Sina auch als „Fürst der Ärzte"[14] oder auch als „der unübertroffene Meister"[15] betitelt wird. In dem eben erwähnten Werk wird die Wirkung der Naturheilkunde auf den Körper verschiedener Lebewesen erläutert[16], wie sie schon bei Hippokrates angelegt war. Auch Ibn Rushd (1126-1198) bereicherte die Nachwelt, vor allem mit seiner Interpretation und seinen Kommentaren zu den Werken des wiederentdeckten griechischen Philosophen Aristoteles.

2.2.2 Al-Farabis Rechtfertigung der Vorrangstellung der Philosophie vor der Religion

Al-Farabi (870-950) wird oft als „der zweite Lehrer"[17] bezeichnet, „direkt nach Aristoteles, dem ersten Lehrer und Philosophen schlechthin".[18] Der transoxanische Philosoph, dessen Philosophie stark von der Platons und der Aristoteles' geprägt ist, sieht die „Philosophen als Propheten [...], die durch göttliche Inspiration zu ihren Erkenntnissen kamen".[19] Religionen sieht dieser als eine Art Instrument, dessen Zweck darin liegt, Menschen, welche an den Gottesglauben gebunden sind und diesen als oberste Priorität setzen, zur tatsächlich wahren Erkenntnis zu führen. Al-Farabi unterscheidet die Begriffe und Prinzipien der »Philosophie« und »Religion« strikt. Die Unterscheidung veranschaulicht er mit der Erläuterung, dass das Verstehen einer Sache oder eines Sachverhaltes mit zwei logisch aufeinander folgenden Schritten passiert. Erst muss die Sache oder der Sachverhalt begriffen

---

[11] Im Jahre 1377 von Ibn Khaldun veröffentlicht.
[12] Im Jahre 1025 von Ibn Sina veröffentlicht.
[13] https://www.youtube.com/watch?v=X_Lx11kt8QI ab Minute 06:49 (zuletzt aufgerufen am 05.11.2017).
[14] Ebd., ab Minute 5:59 (zuletzt aufgerufen am 05.11.2017).
[15] Ibn Tufail, Abu Bakr: Der Philosoph als Autodidakt – Ein philosophischer Inselroman, Hamburg 2009, S. XXX.
[16] Vgl. https://www.youtube.com/watch?v=X_Lx11kt8QI ab Minute 06:26 (zuletzt aufgerufen am 05.11.2017).
[17] Ibn Tufail, S. XXI.
[18] Ebd.
[19] Khorchide, S.131.

werden, woraufhin „ein wahres Urteil [ge]fällt"[20] werden kann. Dies kann laut Al-Farabi jedoch auf zwei Wegen zustande kommen:

> „Entweder wird das Wesen dieser Sache mit dem Intellekt erkannt, oder die Sache wird mittels eines bildhaften Gleichnisses [mital], das sie imitiert, als eine Vorstellung aufgenommen; und das Fällen eines Urteils geschieht entweder mittels eines gültigen Beweises oder mittels Überzeugung. Wenn nun die seienden Dinge Gegenstand des Wissens oder Lernens werden, ihre eigentlichen Begriffe durch den Intellekt erkannt werden und man darüber mittels eines gültigen Beweises ein wahres Urteil fällt, dann ist die Wissenschaft, die ihre Gegenstände so erfa[ss]t, Philosophie. Wenn aber die Gegenstände bloß anhand der Gleichnisse, welche die tatsächlichen Sachverhalte imitieren, von der Vorstellungskraft erfa[ss]t werden und das Urteil über das Vorgestellte mittels Überzeugung zustande kommt, dann ist gemäß der Benennung der Vorfahren das, was seine Gegenstände so erfa[ss]t, Religion".[21]

Auch argumentiert Al-Farabi damit, dass die Philosophie schon lange vor der Religion existierte, und zudem gäbe es viele verschiedene Religionen, weshalb es nun unmöglich ist, dass nur eine Religion die einzig wahre sei, da Religionen vielfältig interpretiert und praktiziert werden. [22]

Diese Relativierung des Absolutheitsanspruches der (eigenen) Religion ist dem arabischen und europäischen Humanismus gemeinsam.

2.2.3 Al-Ghazalis Argumentation zum Anstreben der Vervollkommnung und sein Verhältnis zur islamischen Mystik

Al-Ghazali (1058-1111) gilt als einer der einflussreichsten Gelehrten des Islam. Im Laufe seines Lebens befasste er sich mit verschiedenen Vorgehensweisen und verglich diese auf den Aspekt, „wie sie Wissen erwarben und damit umgingen."[23] Besonders beeindruckt war er dann von der islamischen Mystik, dem sog. Sufismus. Dazu sagte er: „Das Wissen steht über dem Glauben, aber das Schmecken steht über dem Wissen. Denn das Schmecken ist ein intuitives Erlebnis, das Wissen hingegen erschöpft sich im Syllogismus, und der Glaube ist bloße Annahme der traditionellen Autorität."[24] Mit diesem Schmecken bezeichnet Al-Ghazali etwas, was „nurmit der Methode der Mystiker zu erlangen"[25] sei. Der persische Theologe fängt an, den Sufismus vor allem aufgrund seiner Erkenntnisform (Schmecken) zu schätzen. Diese sei überlegen, da diese weder völlig rational noch rein auf Traditionen beruhend sei, im Vergleich zu den anderen zwei vorher erwähnten

---

[20] Farabi: Tahsil as-sa'ada, S.184 / engl. Übers. S.44. ; vgl. auch Farabi: Perfect State XVII, S. 276-285, zitiert nach Ibn Tufail, S. XXVIII.
[21] Farabi: Tahsil as-sa'ada, S.184 / engl. Übers. S.44. ; vgl. auch Farabi: Perfect State XVII, S. 276-285, zitiert nach Ibn Tufail, S. XXVIIf.
[22] Vgl. Ibn Tufail, S. XXVIII.
[23] Ibn Tufail, S.XLI.
[24] Al-Ghazali: Miskat al-anwar, S. 78, zitiert nach Ibn Tufail, S.VII.
[25] Ghazali: Munqid, S. 45/dt. Übers. S. 55, zitiert nach Ibn Tufail, S.XLV.

Erkenntnisformen.[26] Trotz seiner Neigung zum Sufismus in seinem letzten Lebensabschnitt, ist er dennoch der Meinung, dass die Mystik im Einklang mit der Philosophie ist.[27] Darüber hinaus vertritt er die Ansicht, dass „die Mystik, [...] als Vollendung und eigentliches Ziel des menschlichen Wissens verstanden wird."[28]

Im Zuge der Vervollkommnung kommt Al-Ghazali auch auf die sog. fitra zu sprechen, d.h. die von Geburt an vorhandene Veranlagung von der Existenz Gottes zu wissen und diesen deshalb anzubeten und daraus resultierend auch anzustreben, Gottes Idealbild vom Menschen zu entsprechen.[29] „Und so wird der Mensch göttlich, im Sinne, dass er Gott näher kommt."[30] Dieses „so"[31] beschreibt den Zustand des Menschen, in dem er versucht, die Eigenschaften, die im Koran Gott [Allah] zugeschrieben werden, zu adaptieren. Zwar ist dem Theologen bewusst, dass der Mensch niemals auf derselben Ebene wie Gott stehen kann, jedoch ist hierbei die Bemühung, Gott kennenzulernen und zu verstehen das eigentliche Motiv. „In der Schöpfungserzählung ist die Rede davon, dass Gott dem Menschen von seinem Geiste eingehaucht hat. Dieses »Heilige« im Menschen begründet seine Sehnsucht nach dem Absoluten, nach dem Vollkommenen".[32] Somit begründet Khorchide mit Al-Ghazali, dass der Mensch Gottes Eigenschaften zwar nicht absolut erreichen kann, aber immerhin auf einer relativen Ebene.[33]

Und dieses Streben nach im Inneren angelegter Vollkommenheit ist ein zutiefst humanistisches Anliegen.

2.2.4 Vergleich der rationalistischen Theologie (Mu`tazila) und der orthodoxen islamischen Theologie (Hanbalismus)

Beim Thema Humanismus denkt man auch an die Vorherrschaft der Vernunft: Die sog. Mu´tazila ist eine im Süden des Iraks im 8. Jahrhundert entstandene Strömung, die wörtlich „die sich Abspaltenden"[34] oder „diejenigen, die keine Stellung für Sünder beziehen"[35] heißt. Diese Strömung zeichnet sich vor allem wegen ihrer Orientierung an der Vernunft aus.

Sie leiteten das sog. Gespräch [kalam] ein, das eine an den Lehren des Aristoteles ausgerichtete islamische Theologie ist[36]. Die Mu´tazila war bis zum Jahre 861 die offizielle „Hofideologie"[37] des Kalifats von Bagdad. Die Mutaziliten sahen den Koran nicht als ewiges Gesetz Gottes, sondern viel mehr als ein an die damalige Zeit

---

[26] Vgl. Ebd.
[27] Vgl. Ebd., S. XLVII.
[28] Ebd., S. XLVIIf.
[29] Vgl. Khorchide, S.33.
[30] Al-Ghazali, al-Maqsid al-Asna (dtsch. Das höchste Ziel), ed. Muhammad Uthman Chischn, Kairo o.J., S.46, zitiert nach Khorchide, S.56.
[31] Ebd.
[32] Khorchide, S.32.
[33] Vgl. Khorchide, S.56.
[34] Vgl. http://www.muslimphilosophy.com/ei2/mu-tazila.htm (zuletzt aufgerufen am 05.11.2017).
[35] Romani, S.91.
[36] Vgl. Ebd.
[37] Recker, Clemens: Die Entdeckung der Freiheit: - Liberalismus in der arabischen Ideengeschichte, Heidelberg 2011, S.82.

angepasstes Wort des Schöpfers[38] und somit gelten sie als „Begründer der spekulativen Dogmatik im Islam"[39] und vertraten „die Freiheit und Selbstverantwortung des Menschen in der Wahl seiner Optionen und damit dem Lauf seines Lebens".[40] Dies bildete die beste Voraussetzung dafür, dass sich Philosophie im Islam etablierte, wodurch die Förderung des Strebens nach Wissen zunahm. Zudem sahen die Mutaziliten einen Widerspruch in der Tatsache, dass der Mensch einerseits einen Verstand besitzt andererseits diesen aber nicht zum Hinterfragen oder Verstehen nutzen darf.[41] Außerdem waren sie strikt gegen die Vorstellung des menschlichen Determinismus gemäß der Allmacht des göttlichen Willens und sie sahen den Menschen als „moralisch für sein Handeln verantwortlich"[42] an.

Im Kontrast zu den Mutaziliten stehen die Hanbaliten. Letztere sind die Anhänger der hanbalitischen Rechtschule, eine der vier Rechtsschulen des sunnitischen Islam. Heute sind diese hauptsächlich auf der arabischen Halbinsel vertreten, vor allem in Saudi-Arabien und der Golfregion. Im Gegensatz zur Mu´tazila ist der Hanbalismus „der Anwendung der Vernunft bei der Auslegung der Religion insgesamt abgeneigt".[43] Wegen ihrer Ablehnung des Rationalismus und ihrer Hinwendung zum Übernehmen der Traditionen und des Überlieferten entstand das Konzept des „ohne (zu fragen) wie" (bi-la kaif).[44] Das bedeutet ganz „antihumanistisch" (s. Einführung) eine Abwendung vom kritischen Hinterfragen.

Nebenbei bemerkt: Ibn Rushd vertrat „die Lehre von der sogenannten doppelten Wahrheit"[45], mit der er versuchte, zu beweisen, dass die mit Hilfe des Verstandes erreichten Erkenntnisse mit dem von Gott Offenbarten harmonieren.[46]

Wie Al-Farabi war Ibn Rushd aber auch der Ansicht, dass die „Philosophie [...] gegenüber der Religion die höhere und reinere Wahrheit [ist]".[47] Die Religion sei bloß ein für das einfache Volk verständlicheres Mittel zur wahren Einsicht.[48]

---

[38] Vgl. Khorchide, S.131.
[39] Lerch, Wolfgang Günter: Denker des Propheten – Die Philosophie des Islam, Düsseldorf 2000, S.32.
[40] Recker, S.83.
[41] Vgl. Ebd. S.84.
[42] Romani, S.91.
[43] http://www.bpb.de/apuz/30394/glaube-und-vernunft-im-islam?p=all (zuletzt aufgerufen am 05.11.2017).
[44] Ebd.
[45] https://hpd.de/node/3401 (zuletzt aufgerufen am 05.11.2017).
[46] Vgl. Ebd.
[47] Rolf Bergmeier, Christlich-abendländische Kultur. Über die antiken Wurzeln, den verkannten arabischen Beitrag und die Verklärung der Klosterkultur, Aschaffenburg 2014, S.76, zitiert nach Khorchide, S.132.
[48] Vgl. Khorchide, S.132.

3. Niedergang des Humanismus in der arabischen Welt

3.1 Gründe für den Zerfall des umayyadischen Kalifats in Andalusien und des abbasidischen Kalifats im Orient

Das 929 ausgerufene *Kalifat* von Córdoba ist beinahe genau 563 Jahre später, 1492, niedergegangen. Zuvor hatte schon seit 756 das *Emirat* von Córdoba 173 Jahr lang existiert. Als schließlich am Ende des 15. Jahrhunderts das *Kalifat* endgültig von einem christlichen Heer zurückerobert wurde, wurde die 700-jährige Geschichte eines muslimischen Andalusiens beendet.

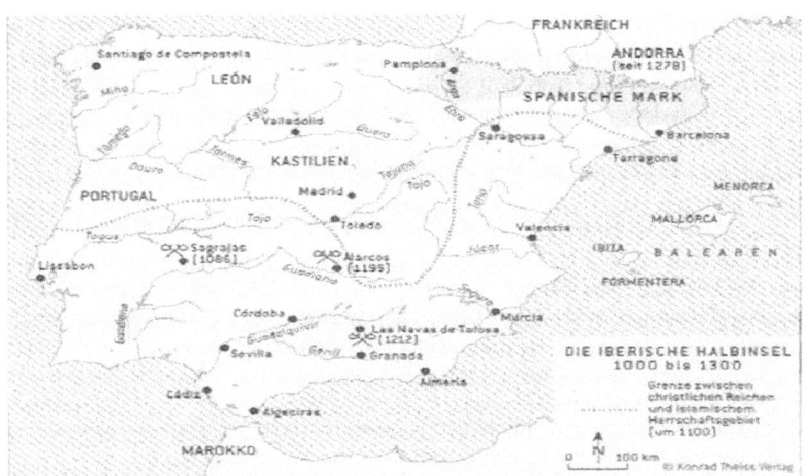

Abb. 1 Grenze zwischen christlichen Reichen und islamischen Herrschaftsgebieten (um 1100)

Niedergegangen ist das umayyadische Kalifat wegen zunehmender Disharmonien und Konflikte. So entstanden nach dem Tod des zu dieser Zeit herrschenden Kalifen Almansor (938-1002) sowohl religiöse als auch ethnische Konflikte zwischen Arabern und Berbern, was dazu führte, dass das Umayyaden-Kalifat in ca. 30 Kleinkönigreiche, die sog. reyes de taifas, zersplitterte, woraufhin sich die Lage in puncto Gedankenfreiheit in Andalusien verschlechterte.[49] Als König Alfons VI. (1043-1109) 1085 im Zuge der Reconquista [Rückeroberung] das zu diesem Zeitpunkt aufblühende Toledo zurückeroberte, brachte er eines der wichtigsten dieser Kleinkönigreiche wieder unter christliche Herrschaft.[50] Im Kampf gegen das christliche Heer riefen die Araber die Almoraviden, eine berberische streng konservative muslimische Dynastie, zu Hilfe, was sich als wirkungsvoll erwies, als die Almoraviden siegten und durch Eroberung weiterer Taifa-Königreiche zu den neuen

[49] Vgl. Jankrift, Kay Peter: 711 n.Chr. – Muslime in Europa! – Wendepunkte der Geschichte, Stuttgart 2011, S.91f.
[50] Vgl. Ebd, S.94ff.

muslimischen Herrschern in Al-Andalus wurden.[51] Die Almoraviden wurden schließlich 1146 von den Almohaden, einer ebenfalls berberstämmigen ultra-orthodoxen muslimischen Dynastie, unter der Führung Ibn Tumarts (1077-1130) besiegt, wobei dieser und seine Anhänger deren „anthropomorphistisches Gottesverständnis [...] und den von ihnen gepflegten blinden Gehorsam gegenüber den traditionellen Autoritäten"[52] kritisierten. Letztere hatten bis 1172 Andalusien fast komplett erobert.[53]

Die Wende kam schließlich 1212, als die Almohaden von einem christlichen Heer besiegt wurden, bis schließlich 1492 auch das letzte muslimische Taifa-Königreich Granada erobert war.[54]

Abgesehen von der instabilen politischen Lage war unter diesen Bedingungen weiterer Fortschritt in den Bereichen der Wissenschaften, der Kunst und der Kultur nicht möglich und somit wurde eine Phase der Stagnation eingeleitet, die dem humanistischen Prinzip weltbezogener Bildung vollkommen widersprach.

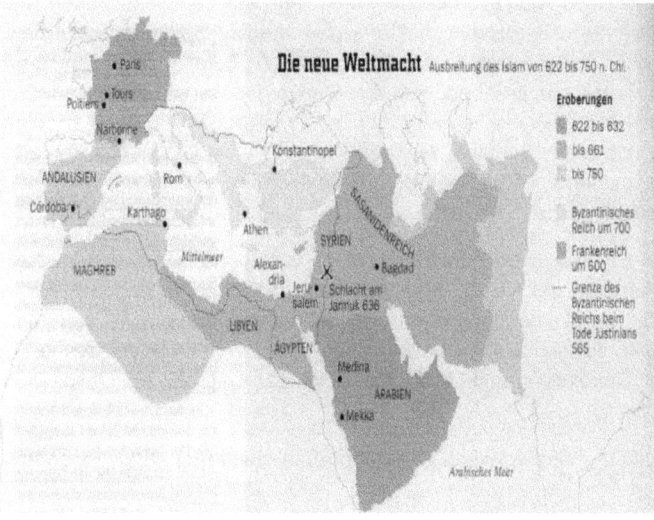

Auch das im Jahre 750 gegründete Abbasiden-Kalifat von Bagdad, welches mehr als 500 Jahre lang existierte, ist zerfallen. Neben der Tatsache, dass die Dynastie der Fatimiden ihr eigenes Kalifat beanspruchte und dadurch die Position der

Abb.2 Ausbreitung des Islam von 622 bis 750 n.Chr.

Abbasiden geschwächt wurde, war vor allem der Einmarsch der Mongolen 1258 in die Hauptstadt Bagdad und die anschließende Eroberung der Grund für diesen Zerfall. Als der mongolische Feldherr Hülegü (1218-1265) Bagdad überfiel, wurde der damalige Kalif Al-Mustasim Billah (1213-1258) hingerichtet und mehr als 200.000

---

[51] Vgl. Ebd, S.109.
[52] Ibn Tufail, S.LXf.
[53] Vgl. Jankrift, S.110.
[54] Vgl. Ebd. S.113f.

Einwohner getötet.[55] Zudem wurde die Stadt „mit Feuer und Schwert [verwüstet]"[56] und Hülegü wurde offizieller Herrscher des Ilchanen-Khanats. So ging auch das abbasidische Kalifat im Orient zugrunde, welches die dortige Blütezeit des Islam vor ca. 500 Jahren eingeleitet hatte.

Wie in Andalusien war auch im Orient unter diesen Umständen an weiterer Fortschritt der Wissenschaften, Kunst und Kultur nicht zu denken und auch hier begann eine Phase des diesbezüglichen Stillstandes.

3.2 Hoffnung durch eine arabische Renaissance (Nahda)

Erst Jahrhunderte später kam wieder Bewegung in die Ideen von Bildung und zivilisatorischen Fortschritt: Wie das Abendland erlebte auch das Morgenland eine »Wiedergeburt« [frz.: renaissance] der Antike. In der Renaissance des Orients, der sog. Nahda [„sich erheben"[57]] glaubte man, dass „Religion und wissenschaftlicher Fortschritt [...] vereinbar [seien]".[58]

Während der Blütezeit des Islams profitierte Europa oft von den Fortschritten, die durch arabische Gelehrte und Wissenschaftler erzielt wurden. Spätestens seit dem 19. Jahrhundert aber reisten arabische Denker nach Europa, um von dem Kenntnisstand, der inzwischen im Abendland erreicht worden war, zu profitieren. Der zu dieser Zeit neubelebte Gedanke eines rationalistischen Denkens erinnert an „eine Anknüpfung an [...] frühere Schulen wie der Mu'tazila".[59] Die Nahda forderte Adaptierung an die moderne Zeit in mehreren Bereichen wie z.B.: Politik, Literatur, Technik und Philosophie.[60]

Der Einmarsch des französischen Kaisers Napoleon Bonaparte in Ägypten im Jahr 1798 wird oft als Auslöser der Nahda gesehen. Seit der Eroberung Bagdads durch die Mongolen 1258 war keine so große Invasion mehr aufgetreten[61], und man verstand schnell, „wie tief der Graben war, der den Orient vom Okzident trennte".[62] Die Französische Revolution und ihre Ideen wurden hierbei als Inspiration gesehen.[63]

Die Nahda teilte sich in einen vorwärts gewandten und einen rückwärts gewandten Zweig:

1826 brechen 44 Männer unter der Führung des Ägypters Rifa'a Al-Tahtawi (1801-1873) nach Paris auf, um die französische Politik und Kultur näher kennenzulernen.

---

[55] Vgl. http://www.historytoday.com/richard-cavendish/baghdad-sacked-mongols (zuletzt aufgerufen am 05.11.2017)

[56] Romani, S.145.

[57] http://referenceworks.brillonline.com/entries/encyclopaedia-of-islam-2/nahda-SIM_5751?s.num=85&s.start=80 (zuletzt aufgerufen am 05.11.2017).

[58] Kattan, Assaad E.: Die arabische Nahda-Ein gescheitertes Projekt – Kritische Bemerkungen zu den christlich-islamischen Beziehungen im Vorderen Orient, Würzburg 2006, S.3.

[59] Recker, S.98.

[60] Vgl. Ebd. (zuletzt aufgerufen am 06.08.2017).

[61] Vgl https://www.nzz.ch/article7SZKU-1.507786 (zuletzt aufgerufen am 06.08.2017).

[62] Ebd.

[63] Vgl. http://indes-online.de/2-2016-liberalismus-im-islam (zuletzt aufgerufen am 05.11.2017).

Sofort bemerkt Al-Tahtawi, dass „[d]ie Franzosen [...] ein bestenfalls lockeres Verhältnis zur Religion [haben]".[64] Der damals herrschende ägyptische Gouverneur Muhammad Ali Pascha (1769-1849) erkennt sofort, dass die Araber vieles von den Franzosen übernehmen sollten. Auch Al-Tahtawi, „Wegbereiter der [...] arabischen Renaissance"[65], ist nun für eine Adaption bereit. Wenig später befasste sich die gesamte arabische Welt mit den Erkenntnissen und Ideen Al-Tahtawis, z.B. der Tunesier Khaireddine Pascha Attunisi (gest. 1890), der sich sicher war, „dass die europäische Moderne bald die ganze Welt erfassen werde und niemand diese Entwicklung aufhalten könne".[66] Zudem sprach er von dem sog. „Erstickungstod"[67], den die Länder erleiden würden, die nicht bereit sind, diese Adaption zu akzeptieren. Zu dieser Adaption sollten vor allem europäische Texte verhelfen. Da aber die arabische Sprache zu veraltet war, um die westlichen Texte zu übersetzen, war zunächst eine Anpassung und Modernisierung der Sprache geplant, durch welche beispielsweise mehr als 6000 neue Begriffe im Bereich der Medizin eingeführt wurden, im Jahre 1835 eine Übersetzerschule in Kairo gegründet und dort 1867 das erste arabische Wörterbuch geschrieben wurde - zehn Jahre später die ersten modernen arabischen Enzyklopädien.[68]

Auch der Bund der Freimaurer ist seit 1869 in Ägypten vertreten und kämpft für Aufklärung, zivilisatorischen Fortschritt und Freiheitsrechte der Völker. Man hatte sogar angefangen, mit Hilfe öffentlicher Satire, die Missstände zu kritisieren.[69] Und Satire war schon immer und ist auch heute die schärfste Waffe gegen angemaßte Autoritäten jeder Art, gegen geistige Verbohrtheit und gegen Mangel an gesundem Menschenverstand.

Betrachtet man die zunehmende Anzahl der Koranschulen und der Schüler, im Vergleich zwischen den Jahren 1838 und 1875/1878, sollte man meinen, dass die Fähigkeiten des Lesens und des Schreibens innerhalb der Bevölkerung zunehmen. Vergleicht man diese nun aber mit der Alphabetisierungsrate, sieht man, dass sich de facto leider nicht viel verändert hatte.[70]

	1800	1838	1875	1878	1880
Anzahl der Koranschulen	–	Einige Hundert	4725	5370	–
Zahl der Schüler	–	20.000	–	140.000	–
Alphabetisierungsrate	1%	–	–	–	5%

Abb.3 (mangelhafte) Fortschritte der Modernisierung und der »Bildung«

---

[64] Knipp, Kersten: Nervöser Orient – Die arabische Welt und die Moderne, Darmstadt 2016, S.87.
[65] https://www.nzz.ch/article7SZKU-1.507786 (zuletzt aufgerufen am 05.11.2017).
[66] Ebd.
[67] Begriff von Khaireddine Pascha Attunisi laut https://www.nzz.ch/article7SZKU-1.507786 (zuletzt aufgerufen am 05.11.2017).
[68] Vgl. Knipp, S.92f.
[69] Vgl. Ebd. S. 94ff.
[70] Vgl. Ebd. S. 105.

Auch die »Bildung« im humanistischen Sinne ist nicht vorangekommen, da es sich vor allem um Koranschulen handelte, die allgemein nicht unbedingt als Quelle wissenschaftlicher Bildung gelten.

Widmen wir uns nun noch der rückwärtsgewandten Variante der Nahda: Neben Al-Tahtawi hat auch Muhammad Abduh (1849-1905) viel zur Nahda beigetragen. Vor allem seine Distanz zur traditionellen Auslegung des Sunnitentums zeichnet ihn aus, weshalb er sich im Laufe seines Lebens schrittweise einem marokkanischen Sufi-Orden annähert und plant, den Glauben zu reformieren, indem er zu den Wurzeln der Religion zurückkehrt. Hierbei ist dies aber nicht als salafitisches Gedankengut zu verstehen (Salaf: „predecessor"[71]; „return to the early Islam of the Koran and Sunna"[72]), vielmehr ist hier die Rückkehr zu den rationalistischen Traditionen im Islam gemeint[73] (vgl. Mu´tazila). Jedoch scheitert er auf Grund des zu hohen Widerstandes.[74]

Eine weitere wichtige Persönlichkeit dieser Zeit war Dschamal Ad-Din Al-Afghani (1838-1897). Besonders geprägt wurde dieser durch den Kolonialismus, den er mehrfach in verschiedenen Ländern erlebte. Als er 1857 nach Indien reist, ist das Land im Aufbruch. „Die Inder versuchen, die britische Besatzung abzuschütteln", scheitern jedoch.[75] Neun Jahre später, 1866, begibt er sich nach Afghanistan, wo ebenfalls Aufstände und Demonstrationen gegen die britische Herrschaft unternommen werden. Er wird aber wenig später wegen seiner - laut des Emir Schir Ali, einem einen zum Dialog mit den Kolonialherren bereiten Konkurrenten des Machthabers - allzu fanatischen Meinungen des Landes verwiesen.[76] Sein nächstes Reiseziel ist anschließend das osmanische Konstantinopel, von wo er aber auch wegen seiner zu »liberalen« Einstellung zur Religion ausgewiesen wird. Daraufhin begibt er sich nach Kairo und lernt dort unter anderem den späteren Nahdisten Abduh kennen und versucht zusammen mit ihm - Abduh als Dozent an der Al-Azhar Universität und Al-Afghani durch öffentliche Reden - die Kolonialisierung zu beenden und zu einer aufgeklärteren Politik beizutragen.[77]

Trotz dieser hochangesehenen Reformer versagte die Nahda. Wichtige Gründe hierfür sind, dass einerseits die arabische Renaissance nicht das gesamte Volk erreichte, andererseits sich die Regierungen nicht für diese einsetzte.[78] Ein Beispiel hierfür sind die Briten, als sie zu dieser Zeit die Besatzungsmacht in Ägypten waren. Aus Angst, die Menschen könnten zu aufgeklärt sein, versuchten sie, die Nahdisten - so weit es ging - an ihrem Vorhaben zu hindern.[79]

---

[71] https://en.oxforddictionaries.com/definition/salafi (zuletzt aufgerufen am 05.11.2017).
[72] Ebd. (zuletzt aufgerufen am 05.11.2017).
[73] Vgl. Recker, S.172f.
[74] Vgl. Knipp, S. 115.
[75] Vgl. Ebd. S. 115f.
[76] Vgl. Ebd. S. 117.
[77] Vgl. Ebd. S. 118f.
[78] Vgl. https://www.nzz.ch/article7SZKU-1.507786 (zuletzt aufgerufen am 05.11.2017).
[79] Vgl. Knipp, S. 119.

Die Anknüpfung an eine früher existierende humanistische, rationalistische, aufgeklärte, weltoffene und fortschrittliche Geisteshaltung im Islam hatte also auf vielerlei Ebenen keine Chancen auf bleibenden Erfolg.

3.3 Die »Arabellion« als gescheiterter Versuch des Widerstandes

Blicken wir nun auf den nächsten Versuch, die geistige und vor allem politisch engen Verhältnisse in vielen muslimischen Ländern zu überwinden: Im Dezember 2010 wurde in Tunesien landesweit protestiert, als ein junger Gemüsehändler sich aus purer Verzweiflung selbst anzündete.[80] Dieser Vorfall war der Auslöser der bis heute andauernden »Arabellion«. Als dann der tunesische Machthaber Ben Ali, der zu diesem Zeitpunkt das Land seit schon 23 Jahren regierte, Tunesien verließ, waren viele andere arabische Völker inspiriert, ihre ebenfalls diktatorisch herrschenden Regime zu stürzen. Die Proteste standen vor allem für die schon von Muhammad Abduh geforderte Anerkennung der *Menschenrechte*.

Die Erkenntnis universell geltender *Menschenrechte* muss unbedingt als Ergebnis humanistischen Denkens, welcher Epoche oder Kultur auch immer, betrachtet werden.

·In 17 von insgesamt 23[81] arabischen Staaten wurde protestiert. Inwiefern die Proteste aber erfolgreich waren, ist von Land zu Land unterschiedlich.

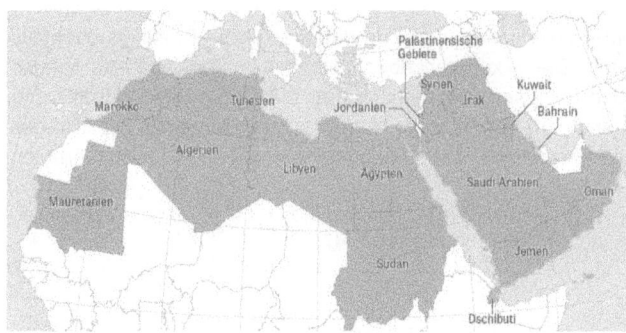

Als am 25.01.2011 die Revolution in Ägypten begann und kurz darauf Husni Mubarak, der seit 1981 das Land regierte, gestürzt wurde, war die Hoffnung auf politische

Abb.4 Staaten. in denen Proteste im Rahmen der Arabellion stattfanden

Modernisierung groß. Doch fast sieben Jahre später befindet sich das Land in einer noch drastischeren Lage als davor. Kaum wurden in Ägypten die Menschenrechte mehr missachtet als unter dem jetzigen Präsidenten Al-Sisi.[82]

Anders sieht es zum Beispiel im Königreich von Marokko aus, weshalb man von einer »sanften Revolution« spricht. Per Facebook bildete man die sog.»Bewegung des 20. Februars«, die vor allem für eine konstitutionelle Monarchie und die Achtung der Menschenrechte protestierte. Die Reaktion des Königshauses ist „wechselseitig:

---

[80] Vgl. https://www.welt.de/politik/ausland/article13772200/Ein-raetselhafter-Selbstmord-der-die-Welt-veraenderte.html (zuletzt aufgerufen am 05.11.2017).

[81] Trotz umstrittenen Status wurden Palästina und die Westsahara dazugezählt.

[82] Vgl. http://www.zeit.de/politik/ausland/2016-01/arabischer-fruehling-uebersicht/komplettansicht (zuletzt aufgerufen am 05.11.2017).

mal nachsichtig, dann aber wieder sehr hart".[83] König Mohamed VI., der bis heute der Monarch Marokkos ist, kündigte wenig später an, auf die Forderungen der Protestierenden einzugehen. Noch im selben Jahr wurde eine neue Verfassung erstellt, die dem Monarchen weniger Macht zuspricht und mehr Bürgerbeteiligung an der Politik ermöglicht.[84]

Bei dem Maghreb-Staat Mauretanien hingegen gingen die Proteste, die ebenfalls durch einen Suizid ausgelöst wurden, vor allem deshalb zurück, weil man nicht mehr daran glaubte, dass ein wirklicher Regimewechsel stattfinden kann.[85]

Das wohl bekannteste Beispiel ist die Arabische Republik Syrien. Auch dort fing das Volk im Frühjahr 2011 an, gegen die Herrschaft Assads zu protestieren, jedoch wurden die Proteste seitens der Regierung von Anfang an blutig niedergeschlagen. Was mit großer Hoffnung und Inspiration begonnen hatte, endete im Bürgerkrieg mit unüberschaubaren Kriegsparteien. Zudem geht es bei dem heutigen Syrien-Konflikt nicht nur darum, die soziale Ungleichheit und die Armut zu beseitigen, sondern es werden längst auch andere Konflikte in Syrien ausgetragen.[86]

»Der arabische Frühling frisst seine Kinder« betitelt der Deutschlandfunk einen Artikel vom 30.04.2015 über die Konsequenzen des Arabischen Frühlings.[87] In vielen Ländern hat sich die Lage seit der Arabellion nicht gebessert. In den wenigsten Fällen erwies sich die Arabellion als erfolgreich.

In der Monarchie Saudi-Arabiens waren im Zug des arabischen Frühlings ebenfalls Demonstrationen geplant. Diese konnten aber seitens des Königshauses schnell verhindert werden, indem einerseits versucht wurde, die aufgewühlte Bevölkerung mit finanziellen Mitteln an ihrem Vorhaben zu hindern, und andererseits mit Hilfe des fundamentalistischen Wahhabismus das Demonstrieren als theologisch verboten verurteilt wurde.[88]

---

[83] https://de.qantara.de/inhalt/marokkos-bewegung-des-20-februar-protest-ohne-nachhall (zuletzt aufgerufen am 05.11.2017).
[84] Vgl. http://www.zeit.de/politik/ausland/2016-01/arabischer-fruehling-uebersicht/komplettansicht (zuletzt aufgerufen am 30.10.2017).
[85] Vgl. Ebd. S.5.(zuletzt aufgerufen am 05.11.2017).
[86] Vgl. Ebd. S.7. (zuletzt aufgerufen am 05.11.2017
[87] Vgl. http://www.deutschlandfunk.de/folgen-der-arabellion-der-arabische-fruehling-frisst-seine.724.de.html?dram:article_id=318656 (zuletzt aufgerufen am 05.11.2017).
[88] Vgl. http://www.bpb.de/internationales/afrika/arabischer-fruehling/52401/saudi-arabien-und-seine-nachbarn?p=all (zuletzt aufgerufen am 05.11.2017).

4. Humanistisch aufgeklärte Religionskritik in der arabischen Welt ?

Zweifel am Sinn tradierter Bräuche und Kritik an blind Geglaubtem sind unauflöslich mit humanistischem und aufgeklärtem Gedankengut verknüpft.

Der spezielle Bereich der Religionskritik in der arabischen Welt wird im Folgenden genauer betrachtet.

4.1 Akzeptanz des rationalistischen Denkens und des Hinterfragens im Mittelalter

Im 8. und 9. Jahrhundert, einige Jahrzehnte nach dem Tod des Propheten Mohammed im Jahr 632, etablierten sich fünf Rechtsschulen, weil Uneinigkeiten über essenzielle Aussagen des Propheten/über den Propheten entstanden.[89] Schon damals hatte man das bisher Tradierte kritisch hinterfragt und einige der sog. Ahadith[90] angezweifelt. Unter Anderem haben Abu Huraira (601-681), Muhammad Al-Bukhari (810-870) und Muhammad At-Tirmidhi (824-892) die Ahadith auf ihre Glaubwürdigkeit und Zuverlässigkeit überprüft und diesbezüglich bewertet.

Wie oben bereits erwähnt gab es im Mittelalter viele islamische Gelehrte, die gegen eine orthodoxe Deutung des Islams waren und darauf bestanden, dass es im Islam so vorgesehen ist, dass „de[r] Koran als Auftrag verstanden [wird], menschlicher Vernunft zu vertrauen und sie für die Erforschung der geistigen und materiellen Welt zu entfalten".[91] Ibn Rushd sah den Verstand als die Quelle jedes zur Erkenntnis führenden Mittels. Und auch der persische Al-Ghazali war der Ansicht, dass der Glaube nur durch die Vernunft vollendet werden könne (s. 2.2.3).

4.2 Entstehung des Wahhabismus und dessen Lehre

In extremem Kontrast dazu ist der Wahhabismus, eine konservative Auslegung des sunnitischen Islam. Entstanden ist dieser, als Muhammad Ibn Abd Al-Wahhab (1703-1792) dem Prinzen Saud I Ibn Abd Al-Aziz Ibn Muhammad Al-Saud 1744 begegnete, der mit allen Mitteln die osmanische Herrschaft über die arabische Halbinsel beenden wollte.[92] Indem der Geistliche Abd Al-Wahhab in seiner Lehre den „Anspruch auf Reinheit des Islam" forderte, „explizit gegen jede Art von fremdem kulturellen Einfluss, vor allem gegen die säkulare Wissenschaft auf heiligem Boden"[93], verbündete er sich mit dem saudischen Prinzen, woraufhin dieser kurze Zeit später schon große Teile der arabischen Halbinsel eroberte.[94] Während das

---

[89] Khorchide, S.44.
[90] Überliefertes zu/ über Prophet Mohammed s. https://en.oxforddictionaries.com/definition/hadith (zuletzt aufgerufen am 05.11.2017; Pl. Ahadith.
[91] Khorchide, S.36.
[92] Vgl. Knipp, S. 206.
[93] http://www.zeit.de/2001/47/200147_wahabismus-kaste.xml/komplettansicht (zuletzt aufgerufen am 05.11.2017).
[94] Vgl. Knipp, S. 206.

Reich des Stammesbegründers der saudischen Dynastie wuchs, fand er immer mehr Gefallen an der Ideologie seines Partners und erhob diese zur Staatsreligion, die sie auch bis heute ist. Die Lehre des Al-Wahhab ist z.T. von den Schriften des Hanbaliten Ibn Taimiya (1263-1328) inspiriert. Der oben angeführte Anspruch Abd Al-Wahhabs ist z.B. auch bei Ibn Taimiya zu finden, der behauptete, dass der Gottesglaube im abbasidischen Kalifat wegen der vielen fremden Einwirkungen zugrunde ging, so beispielsweise „durch die Logik und empirische Wissenschaft der Griechen einerseits und den Sufismus [...] andererseits".[95] Der streng-konservative Abd Al-Wahab plante also, den Islam von der sog. bid´a[96] zu befreien und zurück zur ursprünglichen Auslegung zu führen.

4.3 Al-Afghanis und Abduhs umstrittenes Verhältnis zur Religion

Nun weiter ins 19. Jahrhundert: Wegen ihrer Abneigung gegenüber dem traditionellen Islam und wegen des Versuchs einer Reform dessen wurden die Nahdisten Al-Afghani und Abduh oft von konservativen Muslimen abgelehnt.

Interessanterweise zeigte sich nach einer Diskussion mit dem Franzosen Ernest Renan (1823-1892), der behauptete, dass der Islam jegliche Wissenschaft verurteilt, Al-Afghani verwirrter als zuvor. Denn nach dieser Debatte mit Renan „fühlt er sich den Argumenten der Ungläubigen oder, um es weniger feindlich auszudrücken, der Säkularen [näher]".[97] Vor allem die selbstverschuldete geistige Inflexibilität der Muslime sehe er als Grund der Missstände der arabischen Welt.[98]

Auch Abduh hatte zeitweise für Verwirrung um sein Verhältnis zum Islam gesorgt, als er in einem Brief an Al-Afghani schrieb, man könne „den Kopf der Religion nur mit dem Schwert der Religion abschlagen".[99] Hierbei meinte Abduh aber lediglich, dass konservative Muslime nur durch theologische Argumente überzeugt werden können, nicht jedoch durch Argumente, die auf anderen Quellen basieren.[100]

4.4 Tradition des Gehorchens und Nicht-Hinterfragens

„Wir wollen nicht so eine Aufklärung haben, die den Menschen über die Religion stellt, weil die Religion ja an sich immer mit der Zeit sich erneuern muss"[101], sagte vor Kurzem der Großimam der in der sunnitischen Welt hochangesehenen Al-Azhar Universität Sheikh Ahmad Mohammad Al-Tayeb in einer Rede im deutschen Bundestag.

---

[95] http://www.zeit.de/2001/47/200147_wahabismus-kaste.xml/komplettansicht (zuletzt aufgerufen am 05.11.2017).
[96] Kritisierte Neuerung, die von dem praktizierten Islam des Propheten abweicht; Vgl. Al-Kastallani X, p. 342 zitiert nach Goldziher, Ignaz: Muhammedanische Studie – Zweiter Theil, [ohne Ort] 1890, S. 23.
[97] Knipp, S. 121.
[98] Vgl. Ebd. S.120f.
[99] Zitiert nach Sedgwick, Muhammed Abduh, Position 713, Kap. „Urabi and Exile (Afghani, Muhammad Abduh and Islam)" zitiert nach Knipp, S. 122.
[100] Vgl. Knipp, S.122.
[101] Vgl. http://www.bundestag.de/dokumente/textarchiv/2016/kw11-grossscheich-nachher/415310 ab Minute 53:30 (zuletzt aufgerufen am 05.11.2017).

Die europäische Aufklärung des 17. und 18. Jahrhunderts – inspiriert vom Humanismus - war vom Hinterfragen und Kritisieren der (religiösen) Traditionen geprägt. Anstelle der Religion, an der man sich üblicherweise orientierte, fing man an, sich durch die eigene Vernunft lenken zu lassen (Immanuel Kant: sapere aude! = traue dich, deinen Verstand zu benutzen!).[102]

Als Konsequenz erfolgte schließlich die mühsam erkämpfte Trennung von Religion (Kirche) und Staat. Deshalb sind heute alle westlichen Länder säkularisiert. Im arabischen Raum hingegen ist die Staatspolitik häufig noch von der Religion geprägt. Trennung von Staat und Religion wird oft als von westlicher Dekadenz[103] gebrandmarkt dargestellt. 2014 wurde sogar durch die Terrormiliz IS ein ultrareligiöses, auf dem wahhabitischen Fundamentalismus beruhendes Kalifat ausgerufen, das inzwischen zwar weite Teile der Levante umfasst, in jüngster Zeit aber auch schwere Rückschläge erlitten hat (Rakka, Oktober 2017).[104]

Da – wie oben bereits erwähnt – der Wahhabismus der hanbalitischen Rechtsschule folgt, ist laut dieser streng orthodoxen Auslegung des Glaubens jegliches Hinterfragen bis hin zur Todesstrafe für Zweifler nicht gestattet.

4.5 Humanistische Reform des Islam? Vergleich Mouhanad Khorchide – Hamza Yusuf

Der 1971 geborene, palästinensisch-stämmige Islamwissenschaftler Mouhanad Khorchide ist der festen Überzeugung, dass die Religion von Zeit zu Zeit erneuert werden muss[105], wobei er sich vor allem auf einen Hadith stützt, welcher besagt, dass Gott der Gemeinschaft der Muslime alle 100 Jahre jemanden schickt, um den Islam zu reformieren.[106] Schon die Begrifflichkeit unterscheidet Khorchide von dem US-amerikanischen, mit 19 Jahren konvertierten Mark Hanson, nun genannt Hamza Yusuf. Dieser ist der Meinung, dass die Religion lediglich „renoviert"[107] werden müsse, da der Begriff Reform zu stark von der christlichen Reformation geprägt sei, die einen kompletten Umbau der christlichen Theologie beschreibt.[108] Während Khorchide der Meinung ist, „dass der Begriff »Islam« im Koran keine bestimmte Religion bezeichnet, sondern die Haltung, sein Leben auf Gott hin auszurichten, im Sinne von einem Ja zur Kooperation mit Gott"[109], weshalb nun auch die Anhänger anderer abrahamitischer Religionen als Muslime gesehen werden könnten, trennt dagegen Hamza Yusuf die Religionen klar. Yusuf sagt, dass das Gottesverständnis im Islam und der Glaube an die Prophetie Mohammeds neben einigen anderen Dingen, zum Beispiel den fünf täglichen Gebeten oder dem Fasten, zu den sog.

[102] http://immanuel-kant.net/philosophie-werke/zeitalter-der-aufklaerung (zuletzt aufgerufen am 05.11.2017).
[103] http://www.taz.de/!238853/ (zuletzt aufgerufen am 05.11.2017).
[104] http://www.zeit.de/politik/ausland/2017-10/isis-hochburg-rakka-usa-befreiung-syrien (zuletzt aufgerufen am 05.11.2017).
[105] Khorchide, S.39f.
[106] Überliefert nach An-Nisaburi, Al-Mustadrak 'ala as-sahihayn (dtsch. Ergänzungen der zwei großen Hadithsammlungen), Hadith-Nr.8639. zitiert nach Khorchide, S.40.
[107] https://www.youtube.com/watch?v=qY17d4ZhY8M ab Minute 27:57 (zuletzt aufgerufen am 05.11.2017).
[108] Ebd. ab Minute 26:46 (zuletzt aufgerufen am 05.11.2017).
[109] Khorchide, S.49.

„thawabit"[110] - festgelegte und nicht erneuerbare Prinzipien - zählen. Im Verständnis Yusufs dürfen nur die sog. „mutaghayyirat"[111] - also Konzepte, die mit der Zeit erneuert werden dürfen - einer »Renovierung« unterzogen werden. Dadurch erweist sich dieser als Exklusivist, während Khorchide eine eindeutige »inklusivistische« Haltung vertritt.

5. Schluss

Der saudische Thronfolger Mohammed Bin Salman möchte, wie sein Onkel König Faisal Ibn Abd-Al-Aziz zuvor, die Wirtschaft Saudi-Arabiens modernisieren und vom Ölverkauf unabhängig machen, weshalb er seinen Plan »Saudi Vision 2030« entwarf. Dieser Plan sieht z.B. vor, dass Frauen anstelle von nur 15% der Jobs 28% ausüben, weshalb auch deren Weiterbildung angetrieben wird. Auch Huda Al-Dscheraissi, eine der ersten gewählten saudischen Politikerinnen, setzt sich für mehr Frauenrechte in ihrem Land ein, wie beispielsweise, dass Frauen nun selbstständig Gewerbeunternehmen gründen können. [112]

Besonders der Thronfolger, dort auch MBS genannt, ist an der Modernisierung des Landes beteiligt. Der faktisch schon regierende Prinz verkündete Ende vergangenen Monats, dass Autofahren für Frauen ab Mitte 2018 erlaubt sein werde. Nur wenig früher war es diesen ebenfalls zum ersten Mal gestattet worden, Sportstadien zu besuchen und seit Juli 2017 dürfen Mädchen auch an staatlichen Schulen am Sportunterricht teilnehmen.[113]

Nicht nur wegen seiner Außenpolitik wird Bin Salman kritisiert. Auch wird er von strengkonservativen Muslimen für sein Vorgehen getadelt.[114]

Auch in Tunesien werden inzwischen viele Schritte gewagt, die von Konservativen im gesamten arabischen Raum verurteilt werden. Im Juli wurde im tunesischen Parlament ein Gesetz verabschiedet, das Vergewaltigungen in der Ehe für strafbar erklärt. Wenige Wochen später kündigt Präsident Essebsi an, dass Frauen künftig denselben Anteil des Erbes erhalten wie ihre männliche Verwandtschaft.[115]

Ein weiteres erlassenes Gesetz, dass für Aufsehen sorgt, ist jenes, das es muslimischen Frauen gestattet, auch nicht-muslimische Männer zu heiraten.[116]

In Sachen Frauenrechte gilt Tunesien als der Vorreiter der arabischen Welt. Mehr als 30% der Abgeordneten des tunesischen Parlaments sind Frauen. Neben den

---

[110] https://www.youtube.com/watch?v=qY17d4ZhY8M ab Minute 35:53 (zuletzt aufgerufen am 05.11.2017).
[111] Ebd.
[112] Vgl. http://www.zeit.de/2017/36/saudi-arabien-frauen-modernisierung-huda-al-dscheraissi/komplettansicht (zuletzt aufgerufen am 05.11.2017).
[113] Vgl. http://www.zeit.de/politik/ausland/2017-09/gleichberechtigung-saudi-arabien-fahrverbot-frauen-aufgehoben-fuehrerschein (zuletzt aufgerufen am 05.11.2017).
[114] Vgl. http://www.zeit.de/2017/36/saudi-arabien-frauen-modernisierung-huda-al-dscheraissi/komplettansicht (zuletzt aufgerufen am 05.11.2017).
[115] Vgl. http://www.sueddeutsche.de/politik/erbrecht-tunesien-ruettelt-an-der-scharia-1.3630737 (zuletzt aufgerufen am 05.11.2017).
[116] Vgl. http://www.spiegel.de/politik/ausland/tunesien-frauen-duerfen-kuenftig-nicht-muslime-heiraten-a-1167884.html (zuletzt aufgerufen am 05.11.2017).

oben genannten Gesetzen wurden außerdem Lohndiskriminierung und sexuelle Belästigung für strafbar erklärt. Trotz dieser enormen formalen Fortschritte wird in der Realität beinahe jeder zweiten Frau im Lande Gewalt angetan. Zwar wurde 2014 von der tunesischen Regierung eine Konvention gegen jede Form von Diskriminierung gegenüber Frauen unterzeichnet[117], dennoch wird von Traditionalisten oft Kritik gegen die gewagten Schritte geäußert.[118] Es dürfte also noch heftige innergesellschaftliche Kämpfe um humanere Lebensverhältnisse geben.

Die bereits in der Einführung erwähnten »humanitären Defizite«, unter denen die arabische Welt leidet, werden also auch hier deutlich. Oft sind die Mängel auf bestimmte – in der Mentalität der arabischen Völker verankerte, aber auch zutiefst veraltete – Prinzipien zurückzuführen. Dennoch wird immer wieder Interesse gezeigt, diese Defizite zu beseitigen, wie man am regen Austausch in den sozialen Medien ablesen kann.

Durch das Engagement Tunesiens fühlte sich auch Jordanien inspiriert, gegen die Diskriminierung gegenüber Frauen vorzugehen. So wurde kürzlich ein Gesetz verabschiedet, das die bisher nicht hart bestraften »Ehrenmorde« strenger verurteilt.[119]

Trotz des massiven Widerstands, mit dem sich Vertreter solcher »humanistischer« Meinungen konfrontiert sehen, finden solche Bewegungen immer mehr Anhänger. Denn Freiheit besitzt eine magnetische Anziehungskraft.

---

[117] http://www.sueddeutsche.de/politik/erbrecht-tunesien-ruettelt-an-der-scharia-1.3630737 (zuletzt aufgerufen am 05.11.2017).
[118] Ebd. (zuletzt aufgerufen am 05.11.2017).
[119] Vgl. http://www.sueddeutsche.de/politik/frauenrechte-vergewaltigung-in-der-ehe-ist-in-tunesien-nun-strafbar-1.3611000 (zuletzt aufgerufen am 05.11.2017).

6. Literatur- und Abbildungsverzeichnis

6.1 Printquellen

[1] **Ibn Tufail**, Abu Bakr: Der Philosoph als Autodidakt – Ein philosophischer Inselroman, Hamburg 2009.

[2] **Jankrift**, Kay Peter: 711 n.Chr. – Muslime in Europa! – Wendepunkte der Geschichte, Stuttgart 2011.

[3] **Khorchide**, Mouhanad: Gott glaubt an den Menschen – Mit dem Islam zu einem neuen Humanismus, Freiburg im Breisgau 2015.

[4] **Knipp**, Kersten: Nervöser Orient – Die arabische Welt und die Moderne, Darmstadt 2016.

[5] **Lerch**, Wolfgang Günter: Denker des Propheten – Die Philosophie des Islam, Düsseldorf 2000.

[6] **Romani**, Francesca Romana: Blütezeit des Islam – Geschichte und Reichtum einer alten Hochkultur, Wiesbaden 2009.

[7] **Thielmann**, Jörn: „Wir brauchen eine Art Marshallplan für die Zeit nach dem IS" – Nürnberger Zeitung, 11.05.2017, S.3.

6.2 PDF-Dateien

[1] **Donner**, Fred M.: The Study of Islam's Origins since W. Montgomery Watts Publications, Edinburgh 2015.

[2] **Goldziher**, Ignaz: Muhammedanische Studie – Zweiter Theil, [ohne Ort] 1890.

[3] **Kattan**, Assaad E.: Die arabische Nahda-Ein gescheitertes Projekt – Kritische Bemerkungen zu den christlich-islamischen Beziehungen im Vorderen Orient, Würzburg 2006.

[4] **Recker**, Clemens: Die Entdeckung der Freiheit: - Liberalismus in der arabischen Ideengeschichte, Heidelberg 2011.

6.3 Internetquellen

[1] **Akasoy**, Anna: Glaube und Vernunft im Islam, Bundeszentrale für politische Bildung, 21.06.2007. http://www.bpb.de/apuz/30394/glaube-und-vernunft-im-islam?p=all (zuletzt aufgerufen am 01.11.2017)

[2] **Backhaus**, Andrea: Was vom Frühling übrig blieb, Zeit Online, 14.01.2016. http://www.zeit.de/politik/ausland/2016-01/arabischer-fruehling-uebersicht/komplettansicht (zuletzt aufgerufen am 01.11.2017)

[3] **Brunold**, Georg: Kampf gegen das Fremde, Zeit Online, 15.11.2001. http://www.zeit.de/2001/47/200147_wahabismus-kaste.xml/komplettansicht (zuletzt aufgerufen am 01.11.2017)

[4] **Böhm**, Andrea: Rakka am Morgen danach, Zeit Online, 19.10.2017. http://www.zeit.de/politik/ausland/2017-10/isis-hochburg-rakka-usa-befreiung-syrien (zuletzt aufgerufen am 01.11.2017)

[5] **Böhm**, Andrea: Wenn ihr starker Arm es will, Zeit Online, 30.08.2017. http://www.zeit.de/2017/36/saudi-arabien-frauen-modernisierung-huda-al-dscheraissi/komplettansicht (zuletzt aufgerufen am 01.11.2017)

[6] **Cavendish**, Richard: The Siege of Baghdad ended on February 10th 1258, History Today, 02.02.2008. http://www.historytoday.com/richard-cavendish/baghdad-sacked-mongols (zuletzt aufgerufen am 01.11.2017)

[7] **Hasche**, Thorsten: Liberalismus im Islam, Indes, 02.2016. http://indes-online.de/2-2016-liberalismus-im-islam (zuletzt aufgerufen am 01.11.2017)

[8] **Lau**, Jörg: Die Muslime und der dekadente Westen, Die Tageszeitung, 08.09.2007. http://www.taz.de/!238853/ (zuletzt aufgerufen am 01.11.2017)

[9] **Schmid**, Thomas: Ein rätselhafter Selbstmord, der die Welt veränderte, Die Welt, 17.12.2011. https://www.welt.de/politik/ausland/article13772200/Ein-raetselhafter-Selbstmord-der-die-Welt-veraenderte.html (zuletzt aufgerufen am 01.11.2017

[10] **Stauffer**, Beat: Protest ohne Nachhall, Qantara, 13.02.2013. https://de.qantara.de/inhalt/marokkos-bewegung-des-20-februar-protest-ohne-nachhall (zuletzt aufgerufen am 01.11.2017)

[11] **Steinberg**, Dr. Guido: Kein Frühling am Golf, Bundeszentrale für politische Bildung, 24.10.2011. http://www.bpb.de/internationales/afrika/arabischer-fruehling/52401/saudi-arabien-und-seine-nachbarn?p=all

[12] **Thörner**, Marc: Der arabische Frühling frisst seine Kinder, Deutschlandfunk, 30.04.2015. http://www.deutschlandfunk.de/folgen-der-arabellion-der-arabische-fruehling-frisst-seine.724.de.html?dram:article_id=318656 (zuletzt aufgerufen am 01.11.2017)

[13] **Tomiche**, N.: Nahda, BrillOnline Reference Works, 2012. http://referenceworks.brillonline.com/entries/encyclopaedia-of-islam-2/nahda-SIM_5751?s.num=85&s.start=80 (zuletzt aufgerufen am 01.11.2017)

[14] **Ramadan**, Dunja: Tunesien rüttelt an der Scharia, Süddeutsche Zeitung, 23.08.2017. http://www.sueddeutsche.de/politik/erbrecht-tunesien-ruettelt-an-der-scharia-1.3630737 (zuletzt aufgerufen am 01.11.2017)

[15] **Ramadan**, Dunja: Vergewaltigung in der Ehe ist in Tunesien nun strafbar, Süddeutsche Zeitung, 31.07.2017. http://www.sueddeutsche.de/politik/frauenrechte-vergewaltigung-in-der-ehe-ist-in-tunesien-nun-strafbar-1.3611000 (zuletzt aufgerufen am 01.11.2017)

[16]   [Ohne Verfasser], Adult literacy rate (% ages 15 and older), Human Development Reports, 10.06.2016. http://hdr.undp.org/en/indicators/101406 (zuletzt aufgerufen am 01.11.2017)

[17]   [Ohne Verfasser], Großimam: Der Islam ist eine friedliche Religion, Deutscher   Bundestag,   16.03.2016. http://www.bundestag.de/dokumente/textarchiv/2016/kw11-grossscheich-nachher/415310 (zuletzt aufgerufen am 01.11.2017)

[18]   [Ohne Verfasser], Die Sonne ging nach Westen, Neue Zürcher Zeitung, 08.12.2001. https://www.nzz.ch/article7SZKU-1.507786 (zuletzt aufgerufen am 01.11.2017)

[19]   [Ohne Verfasser], Ibn Rushd, Humanistischer Pressedienst, [ohne Datum]. https://hpd.de/node/3401 (zuletzt aufgerufen am 01.11.2017)

[20]   [Ohne Verfasser], Mu'tazila, Islamic Philosophy Online, [ohne Datum]. http://www.muslimphilosophy.com/ei2/mu-tazila.htm (zuletzt aufgerufen am 01.11.2017)

[21]   [Ohne Verfasser], Salafi, Oxford Dictionaries, [ohne Datum]. https://en.oxforddictionaries.com/definition/salafi (zuletzt aufgerufen am 01.11.2017)

[22]   [Ohne Verfasser], Saudi-Arabien erlaubt Frauen das Autofahren, Zeit Online,   26.09.2017.   http://www.zeit.de/politik/ausland/2017-09/gleichberechtigung-saudi-arabien-fahrverbot-frauen-aufgehoben-fuehrerschein (zuletzt aufgerufen am 01.11.2017)

[23]   [Ohne Verfasser], Tunesierinnen dürfen Nicht-Muslime heiraten, Spiegel Online, 15.09.2017. http://www.spiegel.de/politik/ausland/tunesien-frauen-duerfen-kuenftig-nicht-muslime-heiraten-a-1167884.html (zuletzt aufgerufen am 01.11.2017)

[24]   [Ohne Verfasser], Zeitalter der Aufklärung, Immanuel Kant, [ohne Datum]. http://immanuel-kant.net/philosophie-werke/zeitalter-der-aufklaerung (zuletzt aufgerufen am 01.11.2017)

[25]   Rethinking Islamic Reform: Hamza Yusuf und Tariq Ramadan, 26.05.2010. https://www.youtube.com/watch?v=qY17d4ZhY8M (zuletzt aufgerufen am 02.11.2017)

[26]   Phönix: Im Bann der grünen Götter – Die Ärzte der Kalifen, 07.03.2004. https://www.youtube.com/watch?v=X_Lx11kt8QI (zuletzt aufgerufen am 03.11.2017)

6.3 Abbildungsquellen

Abb.1: Jankrift, Kay Peter: 711 n.Chr. – Muslime in Europa! – Wendepunkte der Geschichte, Stuttgart 2011, S.102.

Abb.2: Mischa Meier und Steffen Patzold: Als Araber die Welt eroberten – Der Spiegel Geschichte – Der Islam und die Europäer – Machtkampf, Handel und Kultur seit 1300 Jahren – 01.2017, S.20.

Abb.3: Knipp, Kersten: Nervöser Orient – Die arabische Welt und die Moderne, Darmstadt 2016, S. 105.

Abb.4: Backhaus, Andrea: Was vom Frühling übrig blieb, Zeit Online, 14.01.2016.